476

Merve Verlag

Keller Easterling

Mediumdesign

Aus dem Englischen von Lena Schmidt

Merve Verlag

Deutschsprachige Erstausgabe

Originalausgabe: Keller Easterling, *Medium Design*, 2017, Strelka Press.

Printed in Germany

Druck- und Bindearbeiten: Dressler, Berlin

Umschlagentwurf: Jochen Stankowski, Dresden

Redaktorat: Marie Beckmann | Tom Lamberty

ISBN 978-3-96273-030-7

www.merve.de

Inhalt

Mediales Denken

MEDIUMDESIGN

Mediumdesign: Es ist nicht, was man denkt. Es ist nicht neu. Es stimmt nicht. Es ist keine Zauberei. Es ist nicht umsonst. Es passiert nicht. Es klappt manchmal nicht.

Die Onkologin untersucht nicht nur den Tumor, sondern auch chemische Schwankungen im umgebenden Gewebe. Der Theaterschauspieler übermittelt Informationen nicht nur durch Worte, sondern auch durch ineinandergreifende Handlungen. Die Architektin sieht nicht nur Gebäude mit ihren Formen und Umrissen, sondern auch die Aktivitätsmatrix, auf welche diese ausgelegt sind. Der Geologe klassifiziert Fundproben nicht nur, sondern begreift sie vielmehr als Spuren eines Prozesses.

Obwohl ein solches mediales Denken, *medium thinking*, in vielen Fachgebieten bereits praktiziert wird, ist es aufgrund des vorherrschenden, tief verwurzelten kulturellen Gebarens offensichtlich noch nicht besonders ausgeprägt. Die Stärke dieser Kultur liegt darin, die Dinge herauszuheben und sie zu benennen; sie tut sich schwer damit, die Verhältnisse zwischen den Dingen, oder die von ihnen in Szene gesetzten Abläufe zu beschreiben. Sie macht sich stark für einfache Erklärungen, korrekte Antworten, streitbare Beweise, Universalien, Elementarteilchen, und Telos. Bei ihr dreht sich alles um modernistische Skripte, die Freiheit und transzendente Neuheit feiern – Erzählbögen, die auf ein utopisches oder dystopisches Finale zusteuern. Dieser Kollektivgeist, der das Eine oder einzig Wahre sucht, ist allzu oft als geschlossener Kreislauf, *closed loop*, angelegt.

Und da ein Kreislauf, der nur kompatible Informationen weitergibt, keine Widersprüche aushalten kann, fasst er eine Herausforderung oft als Duell auf. Rechthaben setzt den Kampf voraus. Ohne Argumente, ohne Auseinandersetzung kein Wachstum, keine neuen Ideen. Ohne Konflikte keine Literatur. Da die jeweils neue richtige Antwort Gedanken und Praktiken favorisiert, die aufeinander folgen und nicht miteinander koexistieren, muss sie die alte richtige Antwort eliminieren. Die jeweils neueste erlösende Technik verspricht die Befreiung, doch die Freiheit der einen Gruppe beraubt eine andere ihrer Freiheit. Und dieser Kampf wird zu einer Revolution führen – oder zu einem apokalyptischen Burnout. Zeit also, um nachdenklichere Töne anzuschlagen.

Eine unnötigerweise gewaltsame Kultur, die zwischen Loops und Binaritäten oszilliert, und genau jene Informationen ausgeschlossen hat, die sie selbst so dringend bräuchte, bedient sich der immergleichen stumpf gewordenen Werkzeuge, die völlig ungeeignet sind, um langfristige Problemstellungen und aktuelle Machtverhältnisse anzugehen. Ein Maulheld wird zum Präsidenten gewählt, die Migrationszahlen steigen unablässig, eine Finanzkrise drückt den Wert von Besitztümern auf weniger als Nichts, eine Industriekatastrophe tötet tausende Menschen, ganze Küstenstriche gehen infolge des Klimawandels unter, Teenager schließen sich dem IS an. Wenn wirtschaftliche und militärische Kausalitätsmodelle keine Erklärungen und neue Technologien keine Lösungen mehr zu bieten haben, wenn ein Konsens über Gesetze, Standards und Gesamtkonzepte keine Abhilfe verschafft, dann lässt sich aus solchen Problemen kaum etwas lernen. Wenn man davon ausgeht, dass diese Probleme einfach komplett festgefahren oder für rationale Lösungsansätze völlig unempfänglich sind, dann können sich selbst die klügsten Menschen der Welt nur ratlos am Kopf kratzen.

So sehen die abgedroschenen Handlungsmuster unserer »Humanities« aus. Die binäre Logik der Kriege und das selbstgerechte Westfälische Staatensystem bleiben weiter die Lieblinge der Geschichtsschreibung. Der *Homo Oeconomicus* darf sich weiter in den Vordergrund drängen und das Wort führen. Romantische Komödien schreiben die alten Märchen von einer patrilinearen Gesellschaft fort. Sci-Fi schreibt die antiken Tragödien fort, und dunkle Verschwörungstheorien machen unseren Helden einen Strich durch die Rechnung. Smart wird mit neu verwechselt, selbstermächtigt mit frei. Der sich ebenfalls in ein binäres Schema eingliedernde Dissens erwächst aus einer Welt von Verfeindeten und Unschuldigen. Da die größten Despoten und die unangreifbarsten Machtformen der Welt in diesem Oszillieren zwischen Loop und Binarität prächtig gedeihen, scheint es, als gäbe es nichts, was sich ihnen entgegensetzen ließe – außer noch mehr Arten, zu kämpfen und Recht zu haben, und jene Wut zu liefern, die ihre Gewalt nährt.

Wie findet man also die Lücke, durch die man schlüpfen kann, um sich mit der B-Seite dieser Logiken auseinanderzusetzen?

Auf deren Rückseite, wo nichts neu und nichts richtig ist, gibt es keine dramatischen Manifeste. Aber vielleicht gibt es dort die Möglichkeit, sich in einer Geisteshaltung zu üben, die in den Hintergrund gedrängt wurde. Und schon ist man im Stande, die Welt – wie durch halbgeschlossene Augen – mit einer anderen Brennweite zu betrachten. Schon ist man in der Lage, – anstelle all der Erklärungen, korrekten Antworten, Gegenstände und Bestimmungen, das Medium oder die Matrix selbst, in der diese aufgehoben sind und sich im Zeitverlauf verändern, zu erkennen und zu beeinflussen. Genau wie das *mediale Denken* die übliche Bevorzugung der Figur gegenüber dem Grund invertiert, so könnte *Mediumdesign* vielleicht einige der üblichen Ansätze zu Ästhetik, Politik und der Lösung von Problemen umkehren.

Indem es jede Fachdisziplin aus einer Designperspektive heraus adressiert, und jede Person als Designer͏ïn versteht, geht Mediumdesign immer vom Raum aus, um produktive Denkanstöße sowohl zu räumlichen als auch zu nicht-räumlichen Problemstellungen zu geben. Dieser Ansatz ähnelt dem jener Medientheoretikerïnnen, die einen elementaren Medienbegriff im Sinne einer Umwelt aus Luft, Wasser oder Erde verwenden; er behandelt die klobige, schwere Materialität des Raumes als Informationssystem und breit angelegte, offene Mischkammer für unterschiedliche soziale, politische und technische Netzwerke. Der Raum braucht die Bildschirme und Sensoren des *Internets der Dinge* nicht, um seine starren Anordnungen zum Tanzen zu bringen. Er tanzt schon längst. Und selbst in Zeiten digitaler Allgegenwärtigkeit und Innovation kann man sich den Raum als unerschlossenes Innovationsmedium vorstellen, das die Fähigkeit besitzt, andere Informationssysteme dümmer oder intelligenter werden zu lassen. Indem sie sich von der Vorstellung von Medien als Kommunikationsmittel befreit haben, teilen sich, neben anderen, Analytikerïnnen soziotechnischer Netzwerke, Politikwissenschaftlerïnnen, Designerïnnen und Künstlerïnnen das gleiche Denkmodell – oder anders gesagt: sie betreiben *mediales Denken*, *medium thinking*.

Die größten soziotechnischen Raumanordnungen – jene wiederholbaren Formeln, die überall auf der Welt den Raum formatieren – könnten innovatives Denken anregen, da sie überall und nirgendwo sind. Von der Mikro- zur Makroebene, von Institutionen bis zu Städten: sie sind zu groß oder zu weitläufig, um als diskretes Objekt – mit Namen, Form oder Umriss – bestimmt zu werden. Sie lassen sich nicht durch singuläre Lösungen oder Festlegungen bestimmen, sondern eigentlich nur durch die Bewertung der ihrer Organisation immanenten Aktivitäten oder Dispositionen, wie sie sich über Zeit und Gebiet entfalten.

Ob im Großen oder Kleinen, das Medium zu designen bedeutet in jedem Kontext die der Organisation immanenten Potenziale und Relationen zwischen Objekten, Aktivitäten oder Dispositionen zu managen. Die Disposition jeder beliebigen Organisation macht einige Dinge möglich und verunmöglicht andere. Wie ein Wachstumsmedium determiniert sie, was überleben und was sterben wird. Wie ein Betriebssystem gibt sie die Spielregeln vor, die die Komponenten einer Organisation miteinander verknüpfen und aktivieren.

Weil unvernünftige Politik vernünftige Politik im Handumdrehen zunichtemachen kann, ist Rechthaberei im Mediumdesign keine gute Idee. Dazu ist es zu schwach. Es kann gegen Gurus und totalitäre Despoten nichts ausrichten. All die abgedroschenen historischen Erzählungen, die lieber von einer Abfolge statt von der Koexistenz des Wissens sprechen, die Sci-Fi-Futurismen, der Glaube an eingespielte Freiheiten oder gerechten Aktivismus – sie nützen hier nichts. Stattdessen kann es hilfreich sein, Probleme zu vervielfachen. Unordnung ist schlauer als Neuheit. Verpflichtungen machen stärker als Freiheit. Geschichten lassen sich erweitern, um ungeschehene Dinge einzuschließen. Probleme können mit Lösungen angegangen werden, die nicht zwangsläufig aufgehen.

Die ungehobenen Möglichkeiten des Mediums und das spektakuläre Versagen der Kultur regen dazu an, eine andere Vorstellung von Design zu entwickeln – die Herstellung von Formen aus einer anderen Tonart und Sprechweise. Indem es die Autorität invertiert, die den Erklärungen, Masterplänen, Standards und Gesetzen innewohnt, gewinnt Mediumdesign zusätzliche politische und ästhetische Potenziale aus der Unbestimmtheit, der Widersprüchlichkeit, dem Temperament und den Latenzen in Organisationen.

UNBESTIMMTHEIT

Designerïnnen sind sehr gut darin, Dinge herzustellen. Mediumdesign bedeutet allerdings weniger, etwas herzustellen, als vielmehr die Hände an den Reglern und Schaltern des Betriebs zu haben. Es geht um das Design von Interdependenzen, chemischen Verbindungen, Kettenreaktionen und Ratschenschlüsseln. Mediumdesign profitiert von der künstlerischen Neugier auf räumliche Verschaltungen oder Reagenzien in räumlichen Zusammensetzungen: der Neugier darauf, nicht ein einzelnes Objekt zu designen, sondern eine Plattform, um ganze Objektpopulationen zu beeinflussen oder relative Potenziale zwischen ihnen zu erzeugen.

Dynamische Marker und unabgeschlossene Prozesse die zu *unbestimmt sind, um praktisch anwendbar* zu sein, besitzen etwas Tröstliches. Die Dispositionen des Raumes werden nicht durch Lösungen manipuliert, sondern vermittels zeitlich verzögerter Wirkmechanismen – Multiplikatoren, Schalter, Regler oder andere Organe des Zusammenspiels, mit erweiterten zeitlichen Dimensionen – was ihnen erlaubt, sich zu entfalten und im Spiel zu bleiben. Da der urbane Raum keinen stabilen Zustand hat, lässt sich ein Masterplan immer manipulieren oder korrumpieren. Das

Zusammenspiel könnte allerdings sowohl die praktische Fähigkeit besitzen, sich an wechselnde Umstände anzupassen als auch die politische Fähigkeit, auf jenen Moment zu reagieren, in dem es ins Aus manövriert werden soll. Anstelle der Loops, die Informationen verwerfen und anstelle der paradoxen Freiheitssuche könnten vielleicht verstärkende oder informationsangereicherte Situationen durch das Zusammenspiel gestärkt werden – wechselseitige Verpflichtung, gegenseitige Kontrolle, Ausgleich und Angebote. Ein Zusammenspiel ist keine Lösung, sondern etwas, das nicht immer funktionieren soll(te).

Man denke sich eine simple räumliche Variable, um das neue autonome Fahren zu ergänzen – jene Technologie, die uns als Wunderwaffe für das Verkehrswesen angepriesen wird. Durch effiziente Abstimmung aufeinander bzw. das Fahren in der Kolonne sollen die autonomen Fahrzeuge ein optimiertes Fahrerlebnis qua erhöhter Mobilität, geringerem Benzinverbrauch und reduzierten Emissionen bei erhöhter Rentabilität erzielen. Das erzeugt jedoch einen Boomerang-Effekt: Werden sie als Privatautos statt als öffentliche Verkehrsmittel genutzt, so führt das faktisch zu einer *Steigerung* von Staus, Emissionen und Verkehr. Das

Smart Car wird in einem blöden Stau steckenbleiben. Aber es könnte sein, dass in dieser Rechnung lediglich ein sehr simpler physikalischer, räumlicher Bezug fehlt – ein urbaner »Switch« oder »Schalter«, der unterschiedliche infrastrukturelle Stränge verbindet, sodass räumliche und digitale Informationssysteme einander intelligenter und nicht dümmer machen. Da sogar ein Gebäude im urbanen Informationssystem ein derartiger Schalter sein könnte, ist es in gewisser Weise sowohl ein Ding als auch ein Delta; ein Ding, das beeinflusst, wie sich viele Dinge über die Zeit verändern werden. Es moduliert eine unbestimmte und dauerhafte Abfolge von Entscheidungen. Diesen Schalter zu designen, heißt Mediumdesign.

Oder man denke an ein Zusammenspiel räumlicher Variablen, das die Bewegung unterstützt, sich aus Überschwemmungsgebieten zurückzuziehen, indem man Reverse Engineering Techniken auf Hypothekendarlehen anwendet, die die Ursache für Zersiedelung und Finanzkrisen sind. Eine täuschend einfache Verschiebung in der Konfiguration macht es möglich, Hypotheken als Kontingente oder Paare aufzufassen und sie dann nach ergänzenden oder ausgleichenden Attributen zu bewerten – nicht nach virtuellen abstrakten Finanzwerten, sondern nach Grundwerten, die das Klima, die Energieversorgung, das Verkehrswesen und das Hochwasserrisiko in die Rechnung mit einbeziehen. Solche gebündelten Transaktionen, die auf eine Umsiedlung in höher gelegene Gebiete abzielen oder das Risiko für die Gesamtbevölkerung reduzieren, erhalten höhere Bewertungen und Fördergelder. Die Bündelung vergrößert den Nutzen und hilft bei der Stabilisierung von Liegenschaften, die wortwörtlich oder finanziell unter Wasser stehen. Mit der Häufigkeit solcher Transaktionen geht eine Veränderung der Siedlungsmuster einher. So wie das Haus einen Contagion-Effekt ausgelöst hat, so könnte ein Gegen-Contagion-Effekt zur Verringerung von Umweltrisiken beitragen, für besser planbare Budgets bei Familien und staatlichen Behörden sorgen und sogar neue Arbeitsplätze bei der Rückbauarbeit schaffen. Dieses Protokoll zu designen, und bei Bedarf zu redesignen, heißt Mediumdesign.

Während Organisationen und Institutionen in einer Welt geschlossener Loops versuchen, jeden Widerspruch oder Fehler zu eliminieren, vervielfacht Mediumdesign die Probleme lieber. Das Parrondo-Paradoxon aus der Spieltheorie zeigt, dass man zwar ein Spiel mit niedriger Gewinnwahrscheinlichkeit verliert, aber dass man gute Chancen hat, Gewinne zu machen, indem man zwischen zwei Spielen mit niedriger Gewinnwahrscheinlichkeit hin- und herwechselt. Der Graph, der aus diesen Gewinnen resultiert, gleicht einer Ratsche, und womöglich verhält sich der Vorgang tatsächlich wie diese – ganz so, als entwickelten die Verluste eine Art Zugkraft, gegen die man mit vielen kleinen Erträgen ankämpfen muss, um einen Gewinn zu generieren.[1] Weder die Homöostase, noch vorgegebene Informationen, sondern das Unausgewogene und extrinsische Informationsquellen, Widersprüchliches, und Kombinationen unterschiedlicher Informationssysteme stellen jene Fülle an Potenzialen bereit, die in der Lage ist, den geschlossenen Kreislauf und die Binarität aufzubrechen. Vielleicht sind weder Existenz noch Inhalt eines Problems besonders relevant, sondern umso mehr das Zusammenspiel von Problemen.

Mediumdesign wäre dann etwa so wie Billard spielen, wo das Wissen über eine einzige festgelegte Abfolge von

---

1 Gregory P. Hamer, Derek Abbott, »Losing Strategies Can Win by Parrondos Paradox«, in: *Nature* 402 (864), Dezember 1999.

Stößen von geringem Nutzen ist. Doch wenn man in der Lage ist, die sich aus den verschiedensten Möglichkeiten ergebenden Netzwerke zu sehen, würde man informierter vorgehen und sein Spiel widerstandsfähiger machen. Beim Billard kennt man die Antwort nicht; man weiß nur, was als nächstes zu tun ist. Die Kugeln folgen zwar manchmal bekannten Formationen oder Spielregeln, doch die hohe Kunst des Billardspiels liegt darin, die Kollisionen lesen zu können. Eine Billardspielerïn hat das »Zeug«, um eine Folge sich im Zeitverlauf verändernder Bedingungen mit einem Sinn für das Zusammenspiel zu parieren.

DISKREPANZ

Wie Billard – ein Spiel, bei dem die Fertigkeiten des Stoßens und Schiebens zum Einsatz kommen – ist Mediumdesign in Diskrepanz investiert. Um das Medium einzuschätzen und es zu bearbeiten, ist es fast so, als müsse man die Fähigkeit entwickeln, einen geteilten Bildschirm zu erfassen; jene mentalen Trennwände überbrücken, die zwischen dem Nominativen und dem Aktiven, dem Determinierten und dem Dispositionellen verlaufen. Man kultiviert dabei so etwas wie einen hündischen Verstand; man sieht Dinge, die Namen haben und hört Menschen, die Worte sprechen, doch man kann diese Dinge nicht verstehen, ohne tausend andere affektive Signale und relative Positionen zwischen den Dingen im jeweiligen Kontext mit einzubeziehen. Die Position des Menschen in Bezug zur Tür oder zu einem Futternapf, seine Stellung oder sein Gewaltpotenzial werden alle im gleichen Maße gewichtet wie der Klang der Worte und die ihnen zugeschriebenen Bedeutungen.

Auf dem geteilten Bildschirm ist es einfacher zu erkennen, worin der Unterschied liegt zwischen dem, was eine Organisation oder Einrichtung zu tun vorgibt und dem, was sie tut, und wie Einrichtungen ihre Botschaften von ihren wahren Handlungen und den ihnen zugrundeliegenden Dispositionen entkoppeln. Die Autorität, die Erklärungen beigemessen wird, könnte den nicht erklärten Handlungen, die sich verdeckt halten, als Tarnung dienen. Dreht man den Erklärungen allerdings den Ton ab, so kommen die diskrepanten Merkmale der Einrichtung zum Vorschein. Auf der einen Hälfte des Bildschirms mögen die Erzählungen über soziotechnische Einrichtungen – seien es Eisenbahnlinien, hydroelektrische Netzwerke oder Blockchains – von Dezentralisierung und Freiheit handeln. Doch die eigentliche Disposition der Organisation könnte darin liegen, Macht und Autorität zu konzentrieren – mit Anspruch auf Allgemeingültigkeit. Eine stumpfe Binarität aus Likes und Dislikes filtert ein Social-Media-Netzwerk, das vorgibt, reichhaltige Informationen bereitzustellen. Eine zentralistische Macht verbreitet populistische Nachrichten. Ein globales Netzwerk aus Freihandelszonen à la Dubai dient nicht dem freien Handel, sondern einem manipulierten.

Es mag ja sein, dass die superresistenten und unkaputtbaren Machtformen dieser Welt die monistische Demagogie und die binäre Voll-Drauf-Brutalität meisterhaft beherrschen, aber sie sind eben auch virtuos in der Handhabung des geteilten Bildschirms. Wie alle Hochstaplerïnnen wissen sie mit der Lüge umzugehen. Recht zu haben ist keine gute Idee – genauso wenig, wie nur eine Lüge zu erzählen. Viele Lügen zu erzählen funktioniert hingegen wunderbar. Eine Lüge allein verlangt nach Aussöhnung und Wahrheit. Viele Lügen aber ergeben eine Teflonoberfläche, auf der die Rationalität ins Rutschen und Schlittern kommt. Unbeschwert von der Wahrheit, und alle ernsthaften Erklärungen in den Wind schlagend, weiß der Superresistente, wie man die Worte zum Tanzen bringt und, jenseits von Sinn und Inhalt, mit ihnen zu faszinieren. Lügen allenthalben, bewegt und in Farbe. Schmier- und Trennmittel. Jene Diskrepanz, die Andere vergeblich mit Vernunft auszugleichen versuchen, bildet den Rohstoff für weit verbreitete Gerüchte und ansteckende Geschichten, die mit erstaunlichem Erfolg Hindernisse aus dem Weg räumen und sich inoffizielle Kanäle zu Nutze machen. Nicht was die Lügen aussagen, ist wichtig, sondern wie sie hin- und herfliegen. Ideen und Bedeutungen überlagern sich wechselseitig, die Disposition von Macht und Kontrolle verdichtet sich. Füll die Lücken mit Inhalten. Die Superresistenten wollen einfach dominieren, alles durchdringen – den meisten Lärm machen oder die größte Aufmerksamkeit erregen. Sie sind vermittelt, *mediated*, aber mehr noch, sie werden zum Medium selbst: pure Aktivität, ohne Inhalt, ohne Bedeutung.

Ein Design, das irgendeine Chance haben soll, Veränderungen zu bewirken, adressiert sowohl die Einrichtung als auch die Erzählung, die sie begleitet. Wie sonst sollte sich Design die Macht gigantischer Makro-Organisationsschichten für Manöver zu Nutze machen, die potenziell cleverer oder politisch agiler sind? Vielleicht bietet diese Erzählung keine rationale Erklärung des Designs und seiner Fähigkeit zur Problemlösung im Stil eines Elevator-Pitches oder eines TED-Talks. Stattdessen könnte es sich um eine dissonante Erzählung handeln, die – obwohl sie selbst nicht physischer Natur ist – physische Konsequenzen hat. Vielleicht ist es eine Erzählung, die etwas Ansteckendes erzeugt, oder selbst so eine Teflonoberfläche generiert. Vielleicht enthält sie eine emotionale Botschaft, die einige Mächte verletzlicher machen würde. Oder vielleicht überrascht sie mit einer kulturellen Sprungkraft, die von ihrer Irrationalität, Zügellosigkeit, Niedlichkeit oder Gewalt herrührt.

TEMPERAMENT

Organisationen oder Einrichtungen auf dem geteilten Bildschirm zu beobachten – nicht nur die Geschichten und Lügen auf der einen, sondern auch das Oszillieren zwischen geschlossenen Loops und Binaritäten auf der anderen Seite – bedeutet, ihr Temperament zu beobachten. Auch wenn Temperament als Konstrukt normalerweise mit der menschlichen Psyche assoziiert wird, verfügt jede Organisation über das Potenzial, Macht entweder zu konzentrieren oder zu distribuieren, wie auch über das Potenzial, Gewalt entweder eskalieren zu lassen oder sie zu einzuhegen. Ein auf das Temperament abgestimmtes Mediumdesign kann Geschichten und organisatorische Potenziale von beiden Seiten des geteilten Bildschirms miteinander in Einklang bringen.

Es mag Botschaften geben, die aufwiegeln und solche, die abwiegeln – doch wenn Designerïnnen keine Erklärungen abgeben oder Auseinandersetzungen moderieren müssen, können sie wie Eltern zankender Kinder vorgehen. Solche Elternteile versuchen gar nicht erst, sich in den Streit selbst einzumischen, sondern verändern möglichst rasch die Anordnung der Begleitumstände. Sie senken zum Beispiel die Raumtemperatur, rücken einen Stuhl ins

Licht, erhöhen den Blutzucker des einen Kindes oder drücken dem anderen ein Haustier in die Arme, sodass die Raumkonstellation nicht länger Gewalttätigkeiten auslöst oder befördert.

In vergleichbarer Weise gibt es zahlreiche Strategien, die festen und flüssigen Bestandteile der urbanen Lebenswelt so zu gestalten, dass sich Spannungen und Gewalt reduzieren lassen. Urbane Morphologien, Topologien und Verbindungen verkörpern jeweils eigene Potenziale – wie beim Schachspiel, wo die Figuren jeweils spezifische materielle Vorteile verkörpern. So wie sie Macht konzentrieren oder verteilen können, besitzen sie auch das Vermögen des Ein- oder Ausschlusses. Urbanität beruht normalerweise darauf, Loops und Binaritäten aufzubrechen, indem sie deren Komponenten multipliziert und diversifiziert, oder sie in wechselseitig abhängige Beziehungen zueinander setzt. Jane Jacobs, Adeptin der Informationstheorie, untersuchte die »tänzelnden« Systeme der Straße – die wechselnden Beziehungen und Subroutinen, welche eine Straße gefährlich oder sicher, anfällig oder widerstandsfähig machen.[2] Ein Informationssystem, zu dem Sichtachsen, fußläufige Entfernungen und verschiedene Bevölkerungsgruppen gehören. Oder: Man stelle sich eine Straße vor, in der große Grundstücksparzellen den Einfluss einer kleinen Gruppe von Akteuren verstärken, während eine Straße mit vielen kleinen Parzellen einer großen Anzahl an Akteuren eine niedrigschwellige Teilhabe ermöglicht. Die Verkabelung des urbanen Raumes filtert und lenkt die Bewegung von Körpern in unterschiedliche Richtungen, die eine Person sowohl in Gefahr als auch in Sicherheit bringen können. An jenem Tag etwa, an dem die Flugzeuge in das World Trade Center und das Pentagon einschlugen, erschwerte die organisatorische Disposition der Gebäude einerseits die Fluchtmöglichkeiten aufgrund der linearen Anordnung der Treppenhäuser, und erleichterte sie andererseits durch multiple zeitgleich nutzbare Ausgänge.

Oft erkennen Nationen und neoliberale Wirtschaftssysteme, die als geschlossener Loop funktionieren, die Rechte von Migrantïnnen oder Arbeiterïnnen nicht an, sondern

---

2 Nicholas de Monchaux, *Local Code. 3659 Proposals about Data, Design and the Nature of Citites*, Princeton MA 2016, S. 118-139.

stufen sie als Widerstand ein und formieren dagegen eine binäre Opposition. Die Globalisierung hat die Lieferketten für Milliarden von Produkten, und den Transport von zig Millionen Touristïnnen und billigen Arbeitskräften perfekt durchrationalisiert – doch wenn es darum geht, Millionen von Menschen aus Konflikt- oder Katastrophengebieten herauszuholen, fehlt es plötzlich an derselben juristischen und logistischen Genialität. Der Nationalstaat kennt bloß einen plumpen An-/Aus-Knopf, um Asyl oder Staatsbürgerschaft zu gewähren oder zu verweigern. Die NGOkratie propagiert sowas wie Geflüchtetenunterkünfte als Universallösung, die schwerlich in der Lage sind, auf die spezifischen Bedürfnisse von Abermillionen Individuen einzugehen. Direkte Verbindungen zwischen Migrantïnnen und Geldgebenden sind hier schon seit langem ein besseres Mittel, um Abhilfe zu schaffen, da sie gegen die immanente Gewalt der geloopten, binären oder monistischen Dispositionen aufbegehren. Indem es vom Einzelnen oder Binären abrückt, kann Mediumdesign diesen direkten Austausch vervielfachen. Es kann für diesen Austausch sogar die Potenziale urbaner Informationssysteme als Variablen nutzbar machen – räumliche Variablen, denen unter globaler Governance womöglich mehr Autorität zukäme.

Innerhalb des Mediums könnten einige der unverhofften Mittel, der Gewalt zu begegnen oder die Produktivität anzuregen, dazu dienen, schwer erklärliche oder hartnäckige Probleme anzugehen. Für Gregory Bateson waren informationsreiche Netzwerke oder Einrichtungen, in denen Informationen ungehinderter fließen kann, weniger spannungsgeladen oder destruktiv. Um das komplizierte Problemfeld zwischen Abhängigkeit, Alkoholismus, und dem merkwürdigerweise effektiven »Zwölf Schritte«-Programm der Anonymen Alkoholiker zu verstehen, nutzte er ein dispositionelles, auf das Temperament ausgerichtetes Erklärungsmodell. Er analysierte immer wieder Organisationen, bei denen sich zwei Entitäten entweder in einer »symmetrischen« Binarität mit oppositionell eskalierenden Spannungen befanden (Alpha-Hund gegen Alpha-Hund), oder in einer »komplementären« Binarität, in welcher eine Partei sich der anderen unterordnete (Alpha-Hund und Beta-Hund).[3] Der symmetrische Zustand beschreibt den ewi-

3 Gregory Bateson, *Ökologie des Geistes*, Frankfurt a. M. 1981, S. 400-435, 99-113.

gen Kampf gegen Drogen oder Alkohol, der die Spannungen nur weiter eskaliert hat. Dieses Kräftemessen zwischen Willensstärke und Drogensucht lässt sich beenden, indem man stattdessen davon ausgeht, dass die einzige halbwegs erfolgreiche Behandlungsform paradoxerweise keinen Kampf gegen Drogen und Alkohol bedeutet, sondern jene demütige Einsicht in die eigene Ohnmacht gegenüber Drogen und Alkohol, die zentral für die AA-Mitgliedschaft ist. Selbst die stabileren reziproken Organisationen teilen Macht auf und wechseln sich beim Gewinnen ab – so dass man meinen könnte, dass Selbstverpflichtung wirkmächtiger ist als Dominanz, Wettbewerb, Unabhängigkeit und Freiheit.

Potenziell erweitert Mediumdesign das Repertoire, um Zustände zu verändern, die Unterdrückung und Gewalt befördern. Um sich den Superbakterien oder anderen Mächten nicht aus eigener Kraft stellen zu müssen, werden indirekte oder meta-organisatorische Vorgehensweisen verfügbar gemacht. Wie Caroline Levine zeigt, kämpft Jane Eyre nicht direkt gegen den Leiter der Lowood Armenschule an, sondern untergräbt seine Machtposition mit legalen Mitteln, die von einer anderen Stufe oder Ebene der

Jurisdiktion aus operieren. Um das Bestrafungsrisiko für sich und andere einzugrenzen, fälscht sie im Kontext ihrer Erzählung Dokumente – und erzielt darüber hinaus Metaeffekte, indem sie den Status der literarischen Heldin neu definiert.[4] Oder man denke an die berühmte Szene aus Stanley Kubricks Spartacus, in der die Römische Obrigkeit im Gestus der Großmütigkeit vor einer Schar zusammengepferchter, aneinander geketteter Sklaven verkünden lässt, dass alle von ihrer Kreuzigung verschont blieben, sofern sie ihren aufrührerischen Anführer Spartakus ausliefern würden. In dem Moment jedoch, als sich Kirk Douglas (Spartakus) erheben will, um sich zu identifizieren, steht Tony Curtis (ein anderer Sklave) mit ihm auf und ruft: »Ich bin Spartakus«. Daraufhin erheben sich erst einzeln und dann in Gruppen mehr und mehr Sklaven und rufen wieder und wieder: »Ich bin Spartakus. Ich bin Spartakus.«[5] Indem sie gemeinsam in den Tod gehen, drehen die Sklaven den Spieß um und wenden ihn unmittelbar gegen ihre

---

4 Caroline Levine, *Forms: Whole, Rhythm, Hierarchy, Network*, Princeton MA 2015.

5 Keller Easterling, »I am Spartacus« in: Trevor Paglen, Jacob Applebaum u. a., *Autonomy Cube*, Berlin 2016.

Unterdrücker. Statt der Obrigkeit den Erfolg zuzugestehen, sorgen die Sklaven dafür, dass die gegen einen der ihren gerichtete Gewalt verpufft, und nötigen ihre Peiniger auf diese Weise, ihr gesamtes menschliches Eigentum auszulöschen.

LATENZ

Einschneidende Ereignisse wie Krisen, Konflikte, Siege und Niederlagen ziehen die Aufmerksamkeit der gängigeren kulturellen Erzählformen auf sich, wohingegen im Mediumdesign eine Disposition nicht einfach *passiert*, da sie als latente Eigenschaft bereits durchgängig präsent ist. So wie Glas nicht zerbrechen muss, um zerbrechlich zu sein, verändern und entwickeln sich dispositionelle Eigenschaften. Für militärische, wissenschaftliche oder ökonomische Kausalitäten gibt es keine sorgsam einstudierten Skripte – kein Gesetz, keine Erklärung, kein ideologisches Nonplusultra. In Batesons Analyse der AA-Treffen oder Jane Jacobs Analyse der Stadt wird nirgends mit vorgehaltener Waffe argumentiert – sondern mit Potenzialen, von denen beide wussten, wie man sie aufspürt. Für eine widerstandsfähige Stadt aus einem heterogenen, informativen Arrangement von Teilelementen lassen sich weder spezifische Ereignisse noch Metriken bestimmen, um ihre Produktivität zu bewerten. Wenn eine unzureichend gesicherte Fabrik einstürzt oder abbrennt, handelt es sich um ein Ereignis zur Bewertung der Gewalt, doch in zahlreichen Fabriken oder Industrieparks, die nicht unter dem Gewicht ihrer Entbehrungen zusammenbrechen, findet kein solches Ereignis statt. Dort herrschen die permanente Aggression unverhohlener Machtverhältnisse und der stete Rhythmus ihrer alltäglichen Folgewirkungen.

Mediumdesign stärkt die Fähigkeit, angesichts fehlender Ereignisse oder Erklärungen latente Potenziale aufzuspüren und zu aktivieren – die langsam voranschreitende, stete Gewalt oder das Zusammenspiel vielversprechender Potenziale, für das es oftmals keine Vorbilder gibt. Räumliche Erfahrung lässt sich in vielerlei Hinsicht monetarisieren oder militarisieren, doch die dispositionelle Evidenz von Organisationen wird gerne in Abrede gestellt. Häufig werden solche Veränderungen als anekdotisch oder magisch bezeichnet – als Ereignisse, die aus dem Nichts hervorgehen, nur weil das Narrativ vom Verhalten ihrer latenten Eigenschaften unausgesprochen bleibt.

Geschichten von *Dingen, die nicht passieren*, könnte man wie eine Epidemiologie strukturieren, oder wie eine sich immer weiter aufteilende Menge von Schwellenwerten und Hebelpunkten, und sie könnten sich vor allem darum drehen, wie man Gewalt in Organisationen aussteuert, indem man sie mit Informationen anreichert. Sie würden wie in der Chemie, und im Gegensatz zu den

Rechtswissenschaften, die Agenten oder Wirkstoffe der Veränderung hervorheben, die entweder ansteckend wirken oder zu scheinbar unverrückbaren Blockaden mutieren, um sich dann plötzlich aufzulösen – in dem Moment nämlich, wenn der Unterdrücker die Überhand gewinnt, oder entgegen aller Wahrscheinlichkeit zurückweicht.

Was waren die raumpolitischen Reagenzien oder Beschleuniger in Momenten politischer Metastasierung und Remission? Jane Eyre entkommt Lowood letztendlich, Joseph Welch fragt Joseph McCarthy »Haben Sie keinen Anstand, Sir?«, und Tony Curtis sagt »Ich bin Spartakus«. Wie sieht der strukturelle Schlüssel aus, der Veränderungen wie die gleichgeschlechtliche Ehe oder das Rauchen in den USA ermöglicht hat? Und worin unterscheiden sich diese Veränderungen dispositionell von den Kontroversen um Abtreibung oder Waffengewalt oder um die freie Meinungsäußerung in diversen globalpolitischen Kontexten? Und wie können diese verschiedenen historischen Narrative Techniken für eine schlechter identifizierbare Form des Aktivismus bereitstellen, der, ohne dabei als Gegner ins Visier zu geraten, unter dem Radar systemische Veränderungen herbeiführt.

Es ist nicht, was man denkt

Die widerstandsfähigsten Formen gehen aus einer tiefgreifenden Synthese geistiger Gewohnheiten hervor. Der chaotische, willkürliche Austausch komplett unterschiedlicher Arten von Gedanken und Vorhaben erzeugt ein Mehr an Information. Dennoch sitzen die Menschen immer wieder dem Irrglauben auf, dass es in dieser Art zu Denken keine radikalen Ideen und keine scharfen Umrisse gäbe, wo doch die wirkliche Abkehr vom vorherrschenden Denken eher vom Unmodernen ausgeht. *Selbst wenn es offensichtlich ist, dass die exklusive oder reine Bejahung des Neuen und des Modernen die Kultur eher verkommen lässt, bleibt die Bejahung des Unreinen bisher zu wenig erprobt.*

Könnten die scheinbar hartnäckigsten und unlösbarsten Probleme – die Superbakterien und Verlustspiele – auf Mediumdesign reagieren? Ließen sich mit der Fähigkeit zum Aufspüren und Einsetzen von Unbestimmtheit, Diskrepanz, Temperament und Latenz vielleicht auf produktive Weise Probleme angehen, die sich dem kulturellen Verständnis bislang entzogen haben oder die sich gängigen Lösungsansätzen widersetzen?

Würde man die dispositionellen, makro-organisatorischen Attribute räumlicher Anordnungen in den Fokus rücken, und damit die Bedingungen des Spiels verändern, so brächte dies eine beliebige Anzahl konventioneller und unkonventioneller Designpräzipitate mit sich – Feststoffe und Anpassungen der Matrix. Vielleicht setzt sich eine Mediumdesign-Dokumentation aus einer unüblichen Kombination populärer Geschichten mit technischen Spezifikationen oder detaillierten architektonischen Planzeichnungen zusammen – ganz wie eine Kreuzung aus einem Roman, einem Gebäude, einer Plattform, einer versicherungsmathematischen Tabelle, einem Film und einer Blockchain. Vielleicht lassen sich aus heterogenen Kombinationen neuer und bereits bekannter Technologien unreine Mixturen herstellen, die durch ihren Informationsreichtum Gewalt reduzieren und kulturelle Kapazitäten weiterentwickeln können, die über den Bruchteil an Potenzialen, der momentan im Spiel ist, hinausgehen.

MEDIALES DENKEN

Mediales Denken, *medium thinking*, ist weder auf die Kommunikationswissenschaften beschränkt noch widmet es digitalen Technologien mehr Aufmerksamkeit als allen anderen. Jene Medientheoretiker'innen, die historisch am weitesten ausholen, schreiben, dass mit dem Wort Medium anfangs die Elementaratmosphären von Wasser, Luft, Erde und Feuer bezeichnet wurden.[6] In einer dieser neueren synthetischen Medientheorien, der von John Durham Peters, werden Harold Innis, Marshall McLuhan, Régis Debray, Niklas Luhmann und Vilém Flusser mit einer Reihe von Denkern aus Kunst und Wissenschaft in Bezug gesetzt, darunter unter anderen Herman Melville, Jacob von Uexküll, George Sanders Peirce, Walter Benjamin, Gregory Bateson, Bruno Latour und Arjun Appadurai. »Medien« so

---

6 Zu diesen zählen u. a.: John Durham Peters, *The Marvelous Clouds. Toward a Philosophy of Elemental Media*, Chicago IL 2015, »Introduction: In Medias Res«, S. 1-12, und Kapitel 1, »Understanding Media«, S. 13-52; Antonio Somaini, »Walter Benjamin's Media Theory. The Medium and the Apparat«, in: *Grey Room* (62), 2016, S. 6-14; Craig Buckley, Rüdiger Campe, Francesco Casetti (Hg.), *Screen Genealogies. From Optical Device to Environmental Medium*, Amsterdam 2019.

Peters, »sind Gefäße und Umgebungen, Möglichkeitsbehältnisse, die unserer Existenz Zuflucht bieten und es uns ermöglichen, das zu tun, was wir wollen.«[7]

Innis oder McLuhan gehören zu denjenigen, die in einer auf Erklärungen fixierten Kultur die Art und Weise in den Vordergrund gerückt haben, in der Kommunikation von ihrem jeweiligen Medium beeinflusst wird. Innis verbrachte fast sein ganzes Leben mit »dirt research«, wie er das Sammeln von Daten nannte, um die Kapazitäten und unzähligen kulturellen Formen zu erforschen, die beispielsweise mit Trägermaterialien wie Stein, Papier oder Ton assoziiert werden und auf denen Botschaften und Nachrichten durch verschiedene Zeiten und Milieus transportiert worden sind.[8] McLuhans Popularisierung von »The medium is the message«, *das Medium ist die Botschaft*, hat es erleichtert, das Medium als ein kulturelles Projekt zu verstehen. Wenn er schreibt, dass der »Inhalt« eines Mediums »mit einem saftigen Stück Fleisch vergleichbar [ist], das der Einbrecher mit sich führt, um die Aufmerk-

---

7 Peters, *The Marvelous Clouds*, a.a.O., S. 2.

8 Harold Innis, *Empire and Communications*, London 1950.

samkeit des Wachhundes abzulenken«, so will er darauf hinweisen, dass uns das, was das Medium aussagt, manchmal davon abhält, zu sehen, was das Medium tut.[9] Mediumdesign berücksichtigt dennoch die Erfassung von Informationen, die über die Idee einer »Botschaft« hinausreichen.

---

9 Marshall McLuhan, *Die magischen Kanäle. Understanding Media*, Düsseldorf, Wien 1968, S. 24f.: »Denn der ›Inhalt‹ eines Mediums ist mit einem saftigen Stück Fleisch vergleichbar, das der Einbrecher mit sich führt, um die Aufmerksamkeit des Wachhundes abzulenken.«

Als Giorgio Agamben, wie Gilles Deleuze, an Foucaults Überlegungen zum *dispositif* oder sozialen »Apparatus« anknüpft, beschreibt er weitergehende Eigenschaften eines Mediums. Für Foucault ist das *dispositif*

> »eine entschieden heterogene Gesamtheit, bestehend aus Diskursen, Institutionen, architektonischen Einrichtungen, reglementierenden Entscheidungen, Gesetzen, administrativen Maßnahmen, wissenschaftlichen Aussagen, philosophischen, moralischen und philanthropischen Lehrsätzen, kurz, Gesagtes ebenso wie Ungesagtes, das sind die Elemente des Dispositivs. Das Dispositiv selbst ist das Netz, das man zwischen diesen Elementen herstellen kann.
> [...]
> Kurz, zwischen diesen diskursiven oder nicht-diskursiven Elementen gibt es gleichsam ein Spiel, gibt es Positionswechsel und Veränderungen in den

Funktionen, die ebenfalls sehr unterschiedlich sein können.«[10]

Agamben verknüpft Foucaults *dispositif* mit dem griechischen *oikonomia*, aus dem sich das lateinische Wort *dispositio* ableitet. Er betrachtet die gesamte Begriffsfamilie: *disposition, dispositif, dispositor, disposal, to dispose* etc. Für Agamben ist das dispositif eine Ökonomie von Elementen: »Die Gemeinsamkeit all dieser Termini besteht darin, auf eine *oikonomia* zu verweisen, das heißt auf eine Gesamtheit von Praxen, Kenntnissen, Maßnahmen und Institutionen, deren Ziel es ist, das Verhalten, die Gesten und die Gedanken der Menschen zu verwalten, zu regieren, zu kontrollieren und in eine vorgeblich nützliche Richtung zu lenken.«[11]

Andere Überlegungen zur Disposition, wie die des Philosophen Gilbert Ryle, befassen sich mit Latenz und Unbestimmtheit. Disposition gehört zu jenen glücklich gewähl-

---

10 Michel Foucault, »Das Spiel des Michel Foucault«, in: ders., *Schriften in vier Bänden. Dits et Ecrits*, Band III, 1976-1979, Frankfurt a. M. 2003, S. 392f.

11 Giorgio Agamben, *Was ist ein Dispositiv?*, Zürich, Berlin 2008, S. 24.

ten Worten, die sowohl in der Philosophie als auch in der Umgangssprache ungefähr die gleiche Bedeutung haben. Ryle zeigt in seinen in allgemein verständlicher Sprache verfassten Betrachtungen praktische Anwendungsbeispiele auf, in denen er die Disposition als latente Wirkmacht oder einem Arrangement innewohnendes Potenzial beschreibt – eine Eigenschaft oder Neigung, *property* oder *propensity*, die sich im Laufe der Zeit innerhalb eines Kontexts entfaltet. So könnte man die Disposition einer Persönlichkeit im Zeitverlauf oder die Disposition eines Hauses in Bezug zum Wetter oder zur Landschaft einschätzen, gerade so wie man auch die Disposition einer Organisation beschreiben kann. Ryle konstatiert, dass Glas nicht zerbrochen werden muss, um eine zerbrechliche Disposition zu besitzen.[12] In ähnlicher Weise beschreibt der Philosoph Stephen Mumford, wie sich eine solche immanente Disposition ausdrücken könnte – nicht als Ereignis, sondern eher als »Versprechen« oder als »Bedrohung«.[13]

---

12 Gilbert Ryle, *Der Begriff des Geistes*, Stuttgart 1968, S. 26-77, 51; Keller Easterling, *Extrastatecraft. The Power of Infrastructure Space*, London 2014.

13 Stephen Mumford, *Dispositions*, Oxford 1998, S. 1-11.

Ryle beschreibt außerdem den Unterschied zwischen Wissen und Können, *knowing that and knowing how*, der Unterschied zwischen dem Wissen um die richtige Antwort und dem Können, zum Beispiel einen Witz zu erzählen.[14] Können ist dispositionell, und notwendig unbestimmt, weil es die Anwendung praktischer Fertigkeiten über einen bestimmte Zeitraum erfordert, und die Fähigkeit, auf eine sich verändernde Abfolge von Auslösern zu reagieren.

Die Kombination dieser vielfältigen Ansätze in der Reflexion über den Raum großer infrastruktureller Einrichtungen oder kultureller Matrizen trägt zu einer Erweiterung von Foucaults Überlegungen zum *dispositif* bei. In ihrer Untersuchung soziotechnischer Systeme beobachtet Rosalind Williams, dass diese nie an nur einem Ort zugegen sind. Sie sind zu groß, um als Objekte mit Namen, Form oder Umriss bemessen zu werden, und sie

> »reduzieren (wenn nicht eliminieren) die Möglichkeit, ortsbasierten Widerstand zu leisten. Man kann

[14] Ryle, *Der Begriff des Geistes*, a.a.O., S. 30-36.

sich vorstellen, ein Gefängnis zu kapern, aber wie bringt man ein ganzes Autobahnnetz unter seine Kontrolle? Lokale Rebellion wird verunmöglicht und eine allgemeine Revolution notwendig, wenn der Protest gegen Systeme die Konstruktion andersartiger Systeme erfordert.«[15]

---

15 Rosalind Williams, »Cultural Origins and Environmental Implications of Large Technological Systems«, in: *Science in Context* 6, (2), 1993, S. 395.

Der Psychologe James J. Gibson steuert zum medialen Denken eine Untersuchung der Affordanz von Formen, ihrem Angebotscharakter, bzw. den Handlungsrepertoires, die sie Menschen und Nicht-Menschen ermöglichen, bei, angefangen von Dingen wie einem Stuhl, über eine Schräge bis hin zu einer Höhle. Seine Beobachtungen zur Affordanz, verstanden als Interaktion zwischen Lebewesen und ihrer Umgebung, machen die Unterscheidung zwischen »subjektiv–objektiv« und »physisch–psychisch« nichtig, und verorten die Dinge unter Bezugnahme auf ihr interaktives Verhalten in einer Ökologie der Formen. Die Affordanz oder das Repertoire eines Objektes ist zwar von einer gewissen Beständigkeit, aber trotzdem ungeeignet, um zur Klassifizierung von Objekten herzuhalten; wohingegen das Objekt selbst über Potenziale oder Fähigkeiten verfügt, und daher auf unterschiedliche Weise benutzt werden kann, so wie etwa ein Stein zum Bauen oder Werfen dienen kann. »Man muss Dinge nicht klassifizieren und etikettieren, um zu erkennen, welche Handlungsoptionen sie anbieten.«[16]

In ähnlicher Weise rückt auch Bruno Latour eine unbestimmte Matrix menschlicher und nichtmenschlicher Aktivitäten in den soziotechnischen Netzwerken des Mediums in den Vordergrund. Er argumentiert, dass wir aktive Phänomene häufig so lange beobachten, bis wir glauben, erklären zu können »was es ist«; also was ihre stabilisierte, essenzielle »Kompetenz« ist. Doch »was es ist« lässt sich nie vom »was es tut« trennen. Es ist unmöglich, Objekt von Aktion zu unterscheiden, Kompetenz von Performanz oder Akteure/Aktanten von Netzwerken. Es gibt kein Objekt, das einfach nur Objekt ist. Dinge sind Aktanten, die Menschen zu relationalen Handlungen bewegen. Sie formatieren sich gegenseitig. Statt Erklärungen zu Objekten abzugeben, die bloß Voranahmen bestätigen, lenkt Latour die Aufmerksamkeit auf eine sich zwischen Menschen und Nicht-Menschen entfaltende Handlungsabfolge, die viel schwieriger zu bestimmen ist. Latour nennt als Beispiel die

---

16 James J. Gibson, »Die Theorie der Angebote«, in: Ders., *Wahrnehmung und Umwelt. Der ökologische Ansatz in der visuellen Wahrnehmung*, München, Wien, Baltimore 1982, Kapitel 8, S. 137-158.

Baumwolle, die wir erst dann als ein Objekt, das Feuchtigkeit absorbiert, bestimmen können, wenn wir ihre Performanz über einige Zeit hinweg beobachtet haben.[17]

[17] Bruno Latour, »How Better to Register the Agency of Things«, *The Tanner Lectures on Human Values*, Jg. 34, 2016, S. 79-117.

Die Frage nach dem Verhältnis des Mediums zur Kunst und zur Ästhetik schwingt in vielen ähnlich gelagerten Diskussionen mit, die uns aus anderen Wissensgebieten vertraut sind. So lässt sich Antonio Somaini von Walter Benjamin dazu anregen, eine rigorose, synthetische Bewertung von Medien vorzunehmen, nur um erneut auf deren Ursprung zurückzukommen. Benjamin beschwor ein »Medium der Wahrnehmung« herauf, in dem Kultur sowohl gemacht, als auch aufgenommen wird – ein Medium, das sowohl von Stimmungen als auch von der *Apparatur*, die es produziert und reproduziert, beeinflusst wird.[18] Rancières *ästhetische Verfahren* beschreiben keine Connaisseurschaft der Form, sondern vielmehr eine Ästhetik, die Formen begleitet, die sowohl verkörpern, *enact*, als auch verbildlichen, *depict*, – und Formen, die sich auf verschiedene Wahrnehmungen, Kontexte und Rezeptionen aufteilen. So können *Madame Bovary* oder die *Éducation sentimentale* politische Aktivitäten auslösen, die die Texte

---

18 Antonio Somaini, »Walter Benjamin's Media Theory. The Medium and the Apparat«, in: *Grey Room* (62), 2016, S. 6-41.

selbst gar nicht vorgeben.[19] Für ihre Neubewertung literarischer Formen zieht Caroline Levine Autoren wie Benjamin, Gibson, Rancière und Latour zu Rate. Sie geht dabei von strukturalistischen und poststrukturalistischen Ansätzen aus, und – wie Gibson oder Rancière – klassifiziert die Formen nicht, sondern macht an einigen ihrer »Affordanzen« dynamische Marker fest. Binäre oder universelle Formen weisen beispielsweise bestimmte Eigenschaften und chemische Merkmale auf. Wenn sie miteinander »kollidieren«, offenbaren Formen eine besondere politische Instrumentalität. Die Romanfiguren bewegen sich im für sie arrangierten Kontext, auch wenn sie darüber hinaus auf meta-narrative Formen reagieren. Bovary oder Eyre, über die Levine schreibt, sind einerseits Agenzien, *agents,* im Roman, andererseits Reagenzien, *reagents,* in der Kultur. Ihre Handlungen interagieren mit den kulturellen Bedingungen und zeitigen ein libertäres Verhalten, welches sie selbst in keiner Weise verkörpern. So bilden narrative und kulturelle Formen in vielfältigen, sich überschneidenden Netzwerken inhärent politische Affordan-

---

19 Jacques Rancière, *Die Aufteilung des Sinnlichen. Die Politik der Kunst und ihre Paradoxien*, Berlin 2006, S. 28, 21-73.

zen und Kapazitäten aus, die verändern, wie Macht sich organisiert. Ein Abpraller lässt sich nur schwer vorherbestimmen.[20]

Auch wenn die von der Bestimmtheit ausgehende Autorität das mediale Denken gerne als soft, magisch oder ephemer abwertet, ist es ganz und gar nicht abgehoben, unerheblich, unverständlich oder gar magisch. Walter Benjamin wies darauf hin, dass Haschisch nützlich sei, um Zugang zu den Stimmungen des Mediums zu finden und schrieb über das Phantasmagorische, den Heiligenschein oder die Aura, über das Spirituelle und Mystische, den Schleier oder die Verkleidung.[21] Ryle amüsierte sich wiederum darüber, dass einige seiner gebildetsten Kollegen in dieser Latenz oder Unbestimmtheit eine Art »von okkulten Organen« sahen.[22] Stellt denn dieses, letztendlich praktische, Wissen über das Medium – das Wissen vom »Können« – den *Großteil* dessen, was wir wissen und mehr noch, was wir wissen können, dar?

---

20 Levine, *Forms*, a.a.O., S. 3.

21 Somaini, »Walter Benjamin's Media Theory«, a.a.O., S. 22-25, 6-41.

22 Ryle, *Der Begriff des Geistes*, a.a.O., S. 158.

Gregory Bateson analysierte Potenziale menschlicher und nichtmenschlicher Anordnungen und Auswechselungen, als wären sie Informationssysteme. Er stellte fest, dass ein Mann, ein Baum und eine Axt ein Informationssystem bilden.[23] Selbst zeitgenössische Denker wie César Hidalgo, der digitale Instrumente zur Messung wirtschaftlicher Komplexität entwickelt hat, trennen digitale Netzwerke nicht von menschlichen Netzwerken oder Netzwerken, die von »Festkörpern« gebildet werden. Sie alle stellen gleichermaßen Informationssysteme dar, die »rechnen«.[24] Doch trotz der übergangsweisen Sprachlosigkeit, die sich während der ersten Blütezeit einer neuen Technologie einstellt, neigt die Kultur häufig dazu, ältere Bestandteile eines Kulturkomplexes auszulöschen und all ihre Hoffnungen und Träume auf das Neueste zu setzen.

---

23 Bateson, *Ökologie des Geistes*, a.a.O., S. 599, 589.

24 César Hidalgo, *Wachstum geht anders. Von kleinsten Teilchen über den Menschen zu Netzwerken*, Hamburg 2016.

Bateson sagte außerdem häufig: Information ist »ein Unterschied, der einen Unterschied ausmacht«.[25] Zweifellos hat sein Beharren auf der Kollision von Wissensgebieten – »konvulsive Momente«, die wie Humor wirken – oder seine Fähigkeit, in so unterschiedlichen Dingen wie Schaltkreisen oder AA-Treffen relationale Systeme aufzuspüren, zu einigen der bahnbrechendsten Entwicklungen digitaler Technologien beigetragen.[26] In ähnlicher Weise fasst Levine unter dem Begriff der Form »alle Gestalten und Konfigurationen, alle ordnenden Prinzipien, alle Wiederholungs- und Differenzmuster« zusammen.[27] Auch wenn es für die Kultur wohl bequemer sein dürfte, Formen als feste Aggregatzustände aufzufassen, könnten diese Formen wahrscheinlich ein Vielfaches an Informationen bereitstellen und ein Vielfaches an Differenzen vermessen, wenn sie mit den Verbindungen des Mediums kollidieren und an ihnen abprallen würden.

---

[25] Bateson, *Ökologie des Geistes*, a.a.O., S. 586, 488, 582, 411, 353, 53.

[26] Joshua Heims, *The Cybernetics Group*, Cambridge MA 1992, S. 109.

[27] Levine, *Forms*, a.a.O., S. 3.